Les mots du Petit Bonhomme

Texte de Gilles Tibo
Illustrations de Marie-Claude Favreau

QUÉBEC AMÉRIQUE Jeunesse
329, rue de la Commune Ouest, 3e étage, Montréal (Québec) H2Y 2E1 Téléphone : (514) 499-3000

Données de catalogage avant publication (Canada)

Tibo, Gilles

Les mots du Petit Bonhomme

(Petit Bonhomme ; 1)

Pour enfants.

ISBN 2-7644-0169-8

I. Vocabulaire - Ouvrages pour la jeunesse. II. Titre. III. Collection.

PC2445.T52 2002 j448.1 C2002-940592-0

Livre publié sous la direction de Gilles Tibo.

L'auteur remercie Marie-Éva de Villers, Linda Nadon, Aline Vaillancourt et Johanne Thibault pour leurs conseils judicieux.
Un gros merci à Isabelle Lépine pour la conception graphique.

Texte : Gilles Tibo
Illustrations : Marie-Claude Favreau
Conception graphique : Isabelle Lépine
Révision linguistique : Diane Martin

Dépôt légal : 2e trimestre 2002
Bibliothèque nationale du Québec
Bibliothèque nationale du Canada
Imprimé en Slovaquie

À Michèle Marineau,
qui aime les mots et ce qu'ils racontent

Préface

Les mots, il ne faut pas seulement les lire, il faut les dire. Et quand on les dit, les mots, ils parlent à l'oreille... Si je cherche mon crayon, je fouille parmi toutes mes choses... et si je fouille encore plus, je farfouille et même je me mets à fouiner, je fouine tellement que je farfouine... et ça, c'est plus fort que farfouiller... et c'est nouveau. Je farfouine ! C'est fou, je viens d'inventer un mot : FARFOUINER !

C'est drôlement amusant d'inventer. Tiens, par exemple : le trottoir, à quoi ça sert ? À trotter, à trottiner... alors, pourquoi pas le TROTTINOIR... et s'il est couvert de crottes de chiens, ça peut devenir un CROTTOIR ? Et comme il y a de plus en plus d'énormes CAMIONSTRUEUX qui circulent en ville, on peut alors vraiment parler de MÉTROPOLLUTION ! Puis nos hommes politiques qui laissent dormir leurs documents sur des tablettes, qui les traitent comme des DODOCUMENTS... ils ne sont pas sérieux, ils font de la FOLITIQUE... Quant à nos parents, savons-nous qui ils sont vraiment ? Des PÈRSPICACES ? Des MÈRVEILLEUSES ? Ou encore des MÈRANCOLIQUES et des PÈRPLEXES ?

Comme tu vois, inventer des mots, c'est un jeu, un jeu de l'imagination. Imaginer, avec les mots, c'est comme les dessiner autrement... leur donner une nouvelle image... Laisse aller ton imagination et tu finiras peut-être par imaginer un chien capable de grimper aux arbres... et ce sera bien sûr le CHIENPANZÉ !

Sol (Marc Favreau)

Petit Bonhomme

Mes amis me répètent toujours :
- Bonjour, Petit Bonhomme !

Alors, c'est devenu mon surnom. Je dis, à qui veut l'entendre, que je m'appelle « Petit Bonhomme ».

Petit, c'est mon prénom. Bonhomme, c'est mon nom de famille.

Les lettres

Je possède un trésor formidable : mes vingt-six lettres de l'alphabet.

Mes lettres se divisent en deux groupes. Un groupe de six voyelles : a, e, i, o, u, y. Mes autres lettres sont des consonnes.

Mes voyelles et mes consonnes adorent jouer en équipe. Elles se regroupent pour former des syllabes. Les syllabes se regroupent pour donner des mots. Les mots se regroupent pour devenir des phrases. C'est extraordinaire ! Grâce à mes vingt-six lettres, je peux lire des mots qui emploient le même alphabet que le mien, des mots en français, mais aussi des mots en espagnol, en anglais, en allemand...

La langue française
contient des centaines
et des centaines de
milliers de mots !

La vie des mots

Les mots ne vivent pas dans les nuages. La plupart du temps, ils vivent sur des feuilles, sur des panneaux, sur des tableaux, sur des murs, sur des écrans.

Les mots adorent vivre dans les livres. La preuve, c'est qu'il est très rare de trouver un livre qui ne contient pas de mots.

Les livres et les mots sont les meilleurs amis du monde !

Tu tiens présentement un livre dans tes mains. Tu es, toi aussi, un ami des mots !

La maison préférée des mots

La maison préférée des mots est le dictionnaire. Les mots y habitent en ordre, bien alignés les uns près des autres. Ils attendent que tu les chatouilles.

Les mots que je ne connais pas, les mots compliqués que je ne comprends pas, je les cherche dans le dictionnaire, je lis les définitions et je les apprends par cœur.

J'aime chatouiller les mots du dictionnaire avec le bout de mon index.

Les mots perdus

Il m'arrive quelquefois
de chercher un mot.
Je le cherche sous
mon lit, derrière une
chaise, sur la table.
Souvent, je le retrouve
caché dans une autre
phrase ou dans un livre.

Les mots perdus, je les
écris sur une feuille que
je cache dans mon
coffre-fort.

Si tu trouves
un mot perdu,
garde-le
précieusement
dans ta
mémoire !

La précision

Il est toujours préférable d'employer le mot précis. Un arbre est un arbre, mais il peut aussi s'appeler un bouleau, un érable, un chêne, un sapin. Ce sont différentes sortes d'arbres.

Par contre, le ciel ne s'appelle pas toujours le ciel. Il peut devenir le firmament, l'azur, la voûte céleste. Ces mots sont des synonymes.

Ce n'est pas tout ! En parlant du soleil, je peux dire : l'astre du jour, l'étoile du jour. Ce sont des expressions. J'ai aussi le droit d'en inventer : la grosse boule ronde, la lune du jour, le ballon jaune... Je n'ai qu'à me servir de mon imagination !

Toi, peux-tu inventer des expressions pour nommer le soleil, la lune, un nuage, un ami ?

Le nom des choses

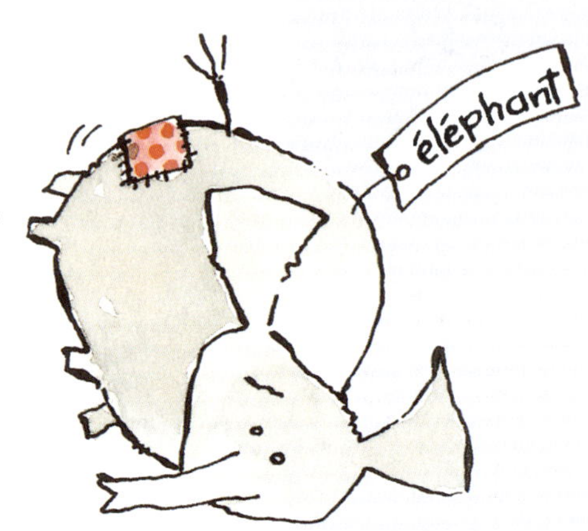

Presque chaque chose porte un nom. Les éléphants s'appellent des éléphants, et le soleil se nomme soleil. À cause des conventions établies depuis longtemps, il est impossible qu'une abeille s'appelle nuage, qu'un nuage s'appelle poupée ou qu'une poupée s'appelle camion.

J'essaie de trouver quelque chose, quelque part qui ne possède pas de nom. C'est difficile ! Sur le plancher, je trouve un tapis, des chaises, une table…
Sur la table, il y a des napperons, des ustensiles, une assiette… Dans l'assiette, il y a des carottes, du riz, du poisson… Dans le poisson, il y a des arêtes, de la viande, des vitamines…

Les objets seraient plus facilement identifiables si on écrivait leur nom dessus !

Rien

Les mots sont tellement extraordinaires qu'ils peuvent nommer quelque chose qui n'existe pas. Quand il n'y a rien de rien de rien, cela s'appelle le vide. On peut dire aussi *absence*.

C'est formidable ! Je peux remplir une page complète de vide, d'absence. Ce sont des pages remplies de rien !

Tout petit, tout petit

Les mots sont tellement formidables qu'ils peuvent définir des choses que je ne perçois pas à l'œil nu. Des choses infiniment petites comme des atomes, des microbes…

Peux-tu nommer des choses que tu ne vois pas ?

Les mots de l'immensité

Les mots peuvent aussi définir quelque chose d'infiniment grand comme des galaxies. Le mot *galaxie* est un mot magique. Il ne compte que sept lettres et il renferme des milliers et des milliers d'étoiles. Le mot *univers* est encore plus incroyable !

Les mots du temps

Les mots peuvent définir le temps qu'il fait. Beaucoup de gens commencent leur conversation en parlant de la pluie et du beau temps. *Soleil*, *canicule*, *nuage*, *pluie*, *averse*, *neige*, *tempête* deviennent alors des mots précieux.

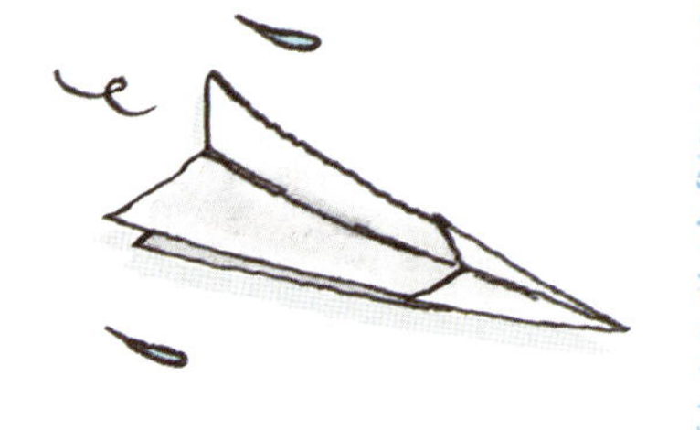

RAFALE
VENT
BOURRASQUE
PARAPLUIE
PARAPLUIE
PARAPLUIE

Les mots détestés

Les mots que je déteste le plus : *cauchemar*, *brocoli* et *malheur*. Chaque soir, je me couche en espérant ne pas faire de cauchemars. Je déteste manger des brocolis. Et j'essaie de courir plus vite que le malheur.

Quels sont les mots que tu détestes ?

Jouer avec les mots

Je peux m'amuser avec les mots. Par exemple, je peux écrire *lion* en très grosses lettres. Tout près du lion, je peux écrire *mouton*. Jamais le lion ne mangera le mouton ! Il ne s'en approchera jamais. Il ne le mangera jamais.

C'est merveilleux !
Les mots ne
se mangent pas
entre eux !

Les aventures

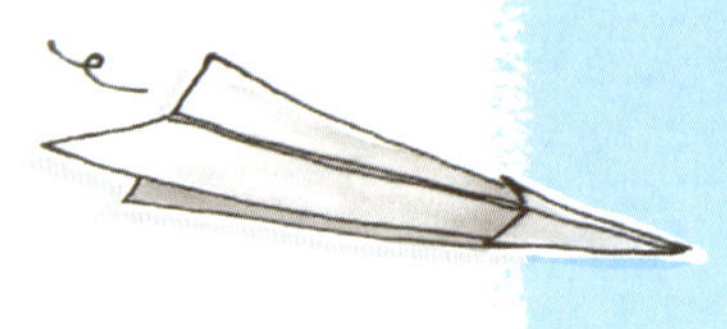

Grâce aux mots, je peux vivre des aventures absolument impossibles dans la vraie vie. Par exemple, je peux dire : *Je traverse la mer sur un bateau de papier, je plonge dans les vagues et je joue avec les baleines.* Et jamais, jamais, je ne me mouillerai les pieds.

Invente une
drôle d'histoire,
juste pour rire !

Invente une drôle d'histoire...

une drôle d'histoire, une drôle d'histoire...

une drôle d'histoire juste pour rire, juste pour rire...

Les mots des sentiments

bonheur

Les mots peuvent nommer des objets que je peux voir et toucher. Ils peuvent aussi définir ce qui n'a pas de forme, par exemple des sentiments. Je peux dire *chagrin, peine, désespoir*...

En choisissant les bons mots, je peux consoler celui ou celle qui a du chagrin. Je peux murmurer *espoir, ami, solution*...

Je ne peux pas toucher à la joie, mais je peux dire *sourire, rire, bonheur*. Je peux même provoquer du bonheur autour de moi en disant simplement *bonjour ! bienvenue ! bonbon !*

J'aime le mot *bonheur*. Je déteste le mot *malheur*.

Les mots qui blessent

Certains mots peuvent blesser les gens qui m'entourent. Ces mots sortent de ma bouche lorsque je suis en colère. *Débile*, *imbécile*, *incapable* peuvent faire très mal à celui ou à celle qui les reçoit. Ce sont des blessures qu'on ne voit pas, mais qui laissent des marques sur le cœur.

Il faut faire attention aux mots qui blessent !

Les mots catastrophes

Les mots *guerre*, *vengeance*, *persécution* peuvent déclencher des catastrophes et tuer des milliers de personnes. Alors les autres mots comme *négociation*, *entente*, *paix* n'ont plus de pouvoir... Ils laissent la place aux *ruines*, *morts*, *chagrins* et *pleurs*.

Quels sont les mots catastrophes pour toi ?

Les mots fragiles

Les mots *patrie*, *race*, *religion* sont des mots très fragiles. Tout dépend de ceux ou de celles qui les emploient. Ces mots peuvent déclencher des haines et des batailles épouvantables. S'ils sont bien employés, ces mots permettent aux humains de se comprendre, de se respecter et d'évoluer. À ce moment, le mot *tolérance* n'est jamais bien loin. Il est souvent accompagné du mot *espoir* !

Quels sont tes mots d'espoir ?

Les mots d'amour

Heureusement, il y a les mots d'amour. Ils servent à définir ce que j'aime. Je peux les employer pour des choses, des phénomènes, des actions ou des animaux.

J'aime le chocolat !
J'aime regarder
un coucher de soleil !
J'aime faire du vélo !
J'aime mon chat !

Les mots d'amour gênants

Je peux aussi employer les mots d'amour pour exprimer mon affection. Ce sont des mots qui me gênent lorsque je les prononce ou lorsqu'on me les murmure. Ils me font rougir même si je suis très heureux de les entendre.

Je peux inventer des expressions : *mon petit cœur, mon trésor d'amour...* Ce sont des mots qui réchauffent mon cœur !

Les mots d'amour te font-ils rougir ?

Les gros mots

Il y a de petits mots d'amour et il existe, aussi, de gros mots pas très jolis... Je ne dirai pas de gros mots ici, dans ces pages, mais je suis certain que tu en connais plusieurs. Tu les emploies, quelquefois, pour exprimer ta colère, ta douleur ou ta peine.

Mes mots préférés

Mes mots préférés sont : *arc-en-ciel*, *échelle*, *vacances*. Je les écris en grosses lettres. Le mot *arc-en-ciel* est suspendu au-dessus de mon lit. Le mot *échelle* grimpe le long du mur, et le mot *vacances* est caché sous mes oreillers, dans mes livres et sur la fenêtre de ma chambre.

Quels sont tes mots préférés ?

vacances

Les mots jaloux

Les mots préférés me causent de graves problèmes : ils rendent les autres mots jaloux. Hier, j'ai voulu écrire *arc-en-ciel.* Impossible ! *Nuage* est apparu. Ensuite il a fallu que j'écrive *pluie*, puis *orage*, et ensuite *ouragan*. J'ai posé mon crayon juste avant *inondation*.

J'ai voulu écrire *échelle*. Mais le mot *barreau* est apparu. Ensuite *CRAC !* suivi de *tomber*, suivi de *BOUM !* J'ai tout effacé avant de me casser le cou.

J'ai voulu écrire *vacances*. Le mot *bonheur* est apparu, suivi de *ballons*, *jeux*, *baignade*, *soleil*... Je n'ai rien effacé ! J'ai collé tous ces mots près de mon lit.

Connais-tu des mots jaloux ?

Les mots de ma vie

En regardant autour de moi, je peux nommer tout ce qui m'entoure, tout ce qui participe à mon existence. Si je vis dans le désert, dans une forêt ou une grande ville, les mots qui m'entourent ne sont pas les mêmes.

Définis les mots qui t'entourent et compare-les avec ceux d'un ami.

La musique des mots

Il y a des mots doux, des mots pointus, des mots rauques, des mots graves, des mots légers. Ils ressemblent à des instruments de musique. Certaines phrases coulent comme des rivières, d'autres ressemblent à des torrents. Les verbes jouent du tambour, les adjectifs de la trompette, les noms du piano, les adverbes du violoncelle.

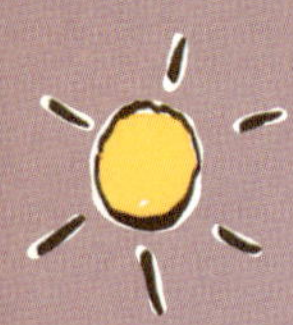

L'effet des mots

Certains mots sentent bon : *soupe, gruau, parfum* ; d'autres sentent mauvais : *moufette, œuf pourri, fumier, cigare.*

Certains mots nous réchauffent : *soleil, feu, amour* ; d'autres nous refroidissent : *glace, iglou, pôle Nord.*

Certains mots nous font rire : *pet, pipi, culotte* ; d'autres mots nous font pleurer : *mort, peine, chagrin.*

Fais la liste des mots qui te font rire et la liste des mots qui te font pleurer.

Rire

Pleurer

Des mots partout

Finalement, les mots sont partout. On les retrouve sur les affiches, sur les écrans, dans les romans, les contes, les livres de poésie, dans les manuels scolaires, les bulletins, les contrats, les annuaires téléphoniques, les calendriers...

Même lorsque je ne les vois pas, les mots sont cachés derrière chaque idée, chaque sentiment, chaque action.

Essaie de
trouver des
mots cachés.
bla
bla
bla
bla
bla
bla

Les mots voyageurs

Les mots sont comme des automobiles, des bateaux, des avions. Ils voyagent sur terre, sur mer et dans les airs. Ils transmettent des connaissances, des idées, des sentiments, des opinions. Ils nous permettent d'apprendre, de communiquer, de dialoguer, de nous remettre en question.

Les mots sont des trésors qu'il faut échanger avec ceux et celles qui nous entourent.

Les mots sont formidables. Ils nous permettent de communiquer, toi et moi !

Les mots de tout le monde

Les mots appartiennent à tout le monde. Chacun, chacune a le droit de les murmurer, de les dire, de les fredonner, de les chanter ou de les crier.

Mais attention ! Je suis responsable de ce que je dis ou de ce que j'écris.

Le sens critique

Lorsque je lis un texte ou que j'écoute quelqu'un, je dois toujours conserver mon sens critique. J'ai le droit de poser des questions. J'ai le droit de douter. Je peux, si je le désire, exprimer mon accord ou mon désaccord.

Je suis d'accord !

Jouer avec les mots

Voici quelques suggestions de jeux que tu peux faire avec les mots. Amuse-toi bien !

Acrostiche

Écris un mot verticalement. Écris d'autres mots horizontalement.

Exemple : **B** onjour
A llô
L ion
L ibre
O uate
N uage

Allitération

Tu peux faire une allitération. C'est une suite de consonnes qui se ressemblent.

Exemple : La pipe de papa pue.

Abécédaire

Crée ton propre abécédaire en dessinant des lettres.

Anagramme

Crée un anagramme. C'est un nouveau mot que tu obtiens en mélangeant toutes les lettres d'un autre mot.

Exemple : Marie, aimer… image, magie.

N'oublie pas… Avec les mots, tu peux jouer seul ou en groupe ! Tu peux organiser des joutes, des tournois. Amuse-toi bien !

Calligramme

Il s'agit de créer un dessin avec ton texte.
Exemple : J'adore jouer avec mon cerf-volant.

Charade

Amuse-toi à faire des charades. Ce sont des devinettes. Il faut trouver le son de chaque syllabe du mot recherché.

Exemple :
Mon premier fait miaou-miaou : chat
Mon deuxième grossit tout : loupe
Mon tout est une embarcation : chaloupe

Poème

Écris un poème avec ou sans rimes.

Code secret

Tu peux inventer un code secret pour correspondre avec tes amis. Exemple : remplace les voyelles par des chiffres. Le a = 1, e = 2, i = 3, o = 4, u = 5, y = 6.
Exemple : Bonjour, comment allez-vous ? devient : B4nj45r, c4mm2nt 1ll2z-v45s ?

L'intrus

Il s'agit de trouver le mot qui n'a pas de lien logique avec les autres.
Exemple : poisson, eau, **table**, mer.

Homonymes

Trouve des homonymes. Ce sont des mots qui se prononcent de la même façon mais qui n'ont pas le même sens.
Exemple : eau, haut.

Palindrome

Le palindrome est un mot qui est le même si tu le lis de gauche à droite ou de droite à gauche. Ils sont difficiles à trouver.
Exemple : Anna, non, kayak.

Le jeu des boîtes

Tu déposes des sujets dans une boîte, des adjectifs dans une autre boîte, des verbes dans une troisième boîte et des compléments dans une quatrième. Tu crées ainsi des phrases très surprenantes.
Exemple : La bulle étroite copie un cheval.

Inventer des mots

Tu peux t'amuser à inventer des mots en joignant des syllabes ou des lettres.
Exemple : Un éléfantôme, un balloneige.

Jouer avec les mots

Tu peux changer la forme des mots.
Exemple :
Le cheval de bois bascule sur le plancher
devient
leche val deb oisbas cule surleplan cher.

Les mots cachés

À l'aide d'une règle, dessine une grille. Écris des mots horizontalement et verticalement sur la grille. Ensuite, remplis les cases vides avec des lettres et demande à tes amis de trouver les mots cachés.

Les mots croisés

Avec un peu d'aide, tu peux créer tes mots croisés.

Les listes

Fais la liste des mots que tu aimes. Fais la liste de ceux que tu détestes.

Les expressions

Invente des expressions pour manifester ton amour à quelqu'un que tu aimes.

Jouer au dictionnaire

Essaie de trouver la bonne définition d'un mot parmi plusieurs définitions erronées.

Les dessins

Fais un dessin et demande à quelqu'un de deviner de quel mot il s'agit. Vous pouvez jouer à deux ou en équipe !

Chaque livre
se termine par
le mot FIN.
Alors voilà :